Melhores Poemas

PAULO LEMINSKI

Direção de Edla van Steen

Melhores Poemas

PAULO LEMINSKI

Seleção de
FRED GÓES E ÁLVARO MARINS

© Alice Ruiz, 1995

7ª Edição, Global Editora, São Paulo 2016
2ª Reimpressão, 2023

Jefferson L. Alves – diretor editorial
Gustavo Henrique Tuna – editor assistente
Flávio Samuel – gerente de produção
Flavia Baggio – coordenadora editorial
Fernanda Bincoletto – assistente editorial
Iara Arakaki – revisão
Eduardo Okuno – capa

Dados Internacionais de Catalogação na Publicação (CIP)
(Câmara Brasileira do Livro, SP, Brasil)

L571m
    Leminski, Paulo, 1944-1989
  Melhores poemas: Paulo Leminski / Paulo Leminski;
organização Fred Góes, Álvaro Marins; coordenação Edla van
Steen. – [7. ed.] – São Paulo: Global, 2016.

    ISBN 978-85-260-2270-6

  1. Poesia brasileira. I. Góes, Fred. II. Marins, Álvaro. III. Steen,
Edla van. IV. Título.

16-31175
                               CDD: 869.91
                               CDU: 821.134.3(81)-1

Obra atualizada conforme o
NOVO ACORDO ORTOGRÁFICO DA LÍNGUA PORTUGUESA

Global Editora e Distribuidora Ltda.
Rua Pirapitingui, 111 – Liberdade
CEP 01508-020 – São Paulo – SP
Tel.: (11) 3277-7999
e-mail: global@globaleditora.com.br

globaleditora.com.br   @globaleditora
/globaleditora   @globaleditora
/globaleditora   /globaleditora
blog.grupoeditorialglobal.com.br

Direitos reservados.
Colabore com a produção científica e cultural.
Proibida a reprodução total ou parcial desta
obra sem a autorização do editor.

Nº de Catálogo: **1945.POC**

Fred Góes é compositor, dramaturgo e professor titular do Departamento de Ciência da Literatura da Universidade Federal do Rio de Janeiro (UFRJ). É doutor em Teoria Literária pela mesma universidade. Pertence a diversas associações culturais nas áreas de música, teatro e literatura e é membro do Conselho de Cultura do Estado do Rio de Janeiro. É autor de inúmeros ensaios publicados em revistas, jornais e livros. Organizou *Melhores crônicas João do Rio*, da Global Editora.

Álvaro Marins é doutor em Teoria da Literatura pela Universidade Federal do Rio de Janeiro (2002) e mestre em Literatura Comparada pela mesma instituição, tendo apresentado sua dissertação sobre Paulo Leminski em 1995. Atuou no magistério superior como professor adjunto do Centro Universitário da Cidade (Rio de Janeiro) de 2000 a 2009, ensinando disciplinas de Teoria da Literatura e Literatura Brasileira no curso de Letras daquela instituição. Foi também coordenador de pesquisa e inovação museal do Instituto Brasileiro de Museus (IBRAM).

LABIRINTO SEM LIMITES

Fred Góes
Álvaro Marins

Procurar estudar qualquer aspecto da obra de Paulo Leminski é como procurar o fio de Ariadne no temível labirinto cretense habitado pelo Minotauro. Talvez pior, porque são vários os fios. Qual deles será o principal? Apenas um, alguns, todos? Achar essa resposta pressupõe espírito aventureiro. Por onde começar?

A obra de Paulo Leminski é volumosa, plural. Passados seis anos desde a sua morte, deconhecemos a existência de um catálogo seguro que possa oferecer, ao menos, os limites do labirinto. Uma boa parte da produção de Leminski foi publicada em volumes que ainda são escassos nas bibliotecas e praticamente inexistentes nas livrarias.

Distraídos venceremos e *La vie en close*, ambos livros de poemas, por serem mais recentes, conseguem-se encontrar com mais facilidade, assim como a coletânea de sua correspondência com Régis Bonvicino – *Uma carta uma brasa através* – e o seu último livro, lançado postumamente, *Metaformose*. Entretanto, são raras a reedição de *40 Clics* (poesia), a segunda edição da prosa poética de *Catatau* e a reunião de seus ensaios-biografias ("Cruz e Souza", "Bashô", "Jesus Cristo" e "Trotski"), que sob o título de *Vida*, tiveram também uma nova edição. Com sorte – e sorte é indispensável no labirinto – acha-se nos sebos o romance *Agora é que são elas*, ou uma curiosa edição dos poemas de *Caprichos e relaxos*, publicada pelo Círculo do Livro. Já suas traduções de *Satiricon*, de Petrônio, *Malone morre*, de Beckett, ou *Pergunte ao pó*, de John Fante, só por milagre.

Mas esses são apenas alguns fios; existem outros, dispersos pelos caminhos hostis do labirinto em que se encontra a pouca preocupação que reina em relação à memória literária nacional. Para o pesquisador ou o mero interessado que queira encontrar os textos críticos que abordam as criações de Leminski, recomenda-se que tenha a disposição de um Teseu. Entretanto, eles existem, e, encontrá-los, em publicações efêmeras e esgotadas, é como beber a água de um oásis em pleno deserto. Levantar os próprios textos críticos de Leminski é outra epopeia e equivale a achar ouro em pó. Um poema seu parece ironizar profeticamente esse tipo de dificuldade:

> Vim pelo caminho difícil,
> a linha que nunca termina,
> a linha bate na pedra,
> a palavra quebra uma esquina,
> mínima linha vazia,
> a linha, uma vida inteira,
> palavra, palavra minha.

Paulo Leminski Filho nasceu em Curitiba (PR) no dia 24 de agosto de 1944. Neto de colonos poloneses, tinha ascendência negra por parte da mãe. Desta fina mistura étnica muito se orgulhava o poeta. Seu pai era militar, e talvez por esse motivo tenha passado parte de sua infância no interior de Santa Catarina. Nesse estado deve ter sentido a presença atmosférica de Cruz e Souza, poeta que muito admirava e que, anos mais tarde, foi objeto do primeiro dos quatro ensaios-biografias que escreveu.

Leminski não foi daquele tipo de poeta que tem na sua infância histórica uma fonte corriqueira de inspiração fecunda. Pelo menos até agora, existem somente alguns raríssimos registros poéticos dessa etapa de sua vida. Os dois poemas abaixo fazem referências diretas à sua mãe, o segundo expressando um clima carregado de lirismo.

> minha mãe dizia
>
> – ferve, água!
> – frita, ovo!
> – pinga, pia!
>
> e tudo obedecia

> ***

> lá fora e no alto
> o céu fazia
> todas as estrelas que podia

na cozinha
debaixo da lâmpada
minha mãe escolhia
feijão e arroz
andrômeda para cá
altair para lá
sirius para cá
estrela-d' alva para lá

Na exposição organizada pela Fundação Cultural de Curitiba, um dos painéis apresentava poemas de Leminski escritos aos oito anos de idade, o que demonstra o seu interesse precoce pela literatura. Deve ter sido ainda um menino estudioso, ou melhor, extremamente curioso. Segundo Alice Ruiz, no prefácio da 2ª edição de seus ensaios-biografias reunidos no volume *Vida*, Leminski foi seminarista da Ordem dos Beneditinos. Com certeza foi nesse período que iniciou seus estudos de latim e grego. Sabe-se que já no início da década de 1960 começou a estudar o japonês. Seu amigo José Maria Correia, em depoimento à Casa Memória de Curitiba, diz que o interesse de Leminski pela cultura oriental começou na academia de judô em que treinava. Leminski foi um orgulhoso faixa preta e em seu livro *Bashô*, recomendava àqueles que quisessem entender o *zen* a matricular-se "na mais próxima academia de artes marciais". No mesmo livro, diz que "há mais de vinte anos, *Haiku*[1] é meu livro de cabeceira". Foi com físico de judoca que Haroldo de Campos o conheceu em 1963, em Belo Horizonte, na Semana Nacional de Poesia de Vanguarda. No ano seguinte, Leminski estreava com cinco poemas na revista *Invenção*, espécie de porta-voz dos poetas concretos de São Paulo. O seu diretor, Décio Pignatari, apresentava Leminski como um poeta que "combina, em sua poesia, a pesquisa concreta da linguagem com um sentido oswaldiano de humor". A mesma apresentação apontava ainda a dedicação de Leminski ao estudo de idiomas "(inclusive orientais) como plataforma para suas experiências poéticas.

Os valores contraculturais e libertários dos anos 1960, no entanto, tiveram um impacto muito grande no projeto leminskiano de vida e poesia,

---

[1] BLYTH, R. H. *Haiku*. Tóquio: The Hokusedo Press, 1963-1964.
Livro em quatro volumes sobre o haicai japonês.

tanto quanto o contato com o concretismo. Durante toda a sua obra esse diálogo, às vezes tenso, às vezes contraditório, é patente. *Caprichos e relaxos* (1983) e *Distraídos venceremos* (1987) – livros de poemas que a partir do próprio nome configuram essa ambiguidade – convivem com traduções de Joyce e Beckett, ao lado de outras de John Fante e John Lennon. O clima politizado da década ecoa no seu ensaio-biografia *Leon Trotski: a paixão segundo a revolução* (1986), obra que, nesse gênero, Leminski considerava a sua melhor criação.

Paulo Leminski tinha como traço marcante de sua personalidade o prazer pela polêmica. Era um indivíduo provocador, às vezes irascível, que motivava na crítica frequentes reações desfavoráveis com relação a ele. Paulo, no entanto, tinha plena consciência da sua psique complexa, difícil, até mesmo implicante. Sua autodefinição não nos deixa mentir:

> O pauloleminski é um cachorro louco
> que deve ser morto
> a pau a pedra
> a fogo a pique
> senão é bem capaz
> o filhadaputa
> de fazer chover
> em nosso piquenique

Em 1968, nosso autor conheceu Alice Ruiz, também poeta, com quem teve três filhos (Miguel, Áurea e Estrela) e um convívio de aproximadamente vinte anos. De acordo com alguns depoimentos, Leminski parece ter curtido saborosamente os aspectos sadiamente "irresponsáveis" de sua geração. Segundo ele mesmo, abandonou o curso de Direito no segundo ano e o de Letras no primeiro ano várias vezes. Morou em comunidade e sobreviveu como professor de Redação e História em cursinhos pré-vestibulares de Curitiba.

> quando eu tiver setenta anos
> então vai acabar essa adolescência
>
> vou largar da vida louca
> e terminar minha livre-docência

vou fazer o que meu pai quer
começar a vida com passo perfeito

vou fazer o que minha mãe deseja
aproveitar as oportunidades
de virar um pilar da sociedade
e terminar meu curso de direito

então ver tudo em sã consciência
quando acabar essa adolescência

Durante uma aula em que ensinava a seus alunos o período das Invasões Holandesas no Brasil, teve uma intuição: e se René Descartes tivesse vindo para o Brasil junto com Maurício de Nassau? A hipótese não era absurda. O filósofo francês realmente era fidalgo da guarda pessoal de Nassau. Contudo, nunca veio ao Brasil. A partir dessa "hipótese-fantasia" surgiu *Catatau*[2], um dos textos mais estranhos da literatura brasileira. Para escrevê-lo, Leminski se especializou por conta própria em colonização holandesa no Brasil e em português seiscentista para, ao fim de cerca de oito anos de trabalho, publicá-lo em 1975. O livro foi bem-recebido pela crítica e, apesar de ser uma edição de autor, teve generosos espaços nos cadernos culturais da grande imprensa de Curitiba, Rio de Janeiro e São Paulo.

Catatau é um livro enigmático, em prosa poética, sem parágrafos e que tem mesmo a proposta de não ser digerido facilmente, o que não quer dizer que não possa ser degustado. Sua epígrafe é explícita:

REPUGNATIO BENEVOLENTIAE

Me nego a ministrar clareiras para a inteligência deste catatau que, por oito anos, agora, passou muito bem sem mapas.
Virem-se.

Em meados da década de 1970, Leminski já não era professor, pois tinha começado a trabalhar em agências de publicidade. Ao mesmo tempo

---

[2] LEMINSKI, Paulo. *Catatau*. Porto Alegre: Sulina, 1989.
Livro de prosa experimental de Paulo Leminski, editado pela primeira vez em 1975 às custas do próprio autor e republicado em 1989.

editava e colaborava com diversas revistas de poesia experimentais e independentes, que surgiam às dezenas no período: *Código*, *Raposa*, *Polo Cultural*, *Corpo Estranho*, entre outras. Participava também das páginas culturais da grande imprensa curitibana, sobretudo no *Correio de Notícias*.

A prosa experimental de *Catatau* chamou a atenção dos tropicalistas Caetano Veloso, Gilberto Gil, Tom Zé e do novo baiano Moraes Moreira, com quem Leminski passou a ter um contato estreito. Também Glauber Rocha (cineasta) e Jorge Mautner (escritor e compositor) fizeram questão de conhecê-lo pessoalmente. A casa onde morava com Alice Ruiz, em Curitiba, passou a ser parada obrigatória de todos esses artistas quando em viagens pelo sul do país. Esse contato com compositores da MPB fez crescer seu entusiasmo por compor letras de canções, atividade que já desenvolvia junto ao grupo Chave, de Curitiba. Mais tarde, na década de 1980, apareceram composições suas nos discos de Caetano Veloso, Moraes Moreira, A Cor do Som, Paulinho Boca de Cantor, Guilherme Arantes, e da "Rainha do Rádio", Ângela Maria.

tudo

que

li

me

irrita

quando

ouço

rita

lee

A atividade de compositor-letrista para Paulo Leminski tinha dois aspectos primordiais. O primeiro deles – o aspecto experimental – de se exercitar poeticamente numa forma de construção específica como é a letra de canção em que, além da presença de um parceiro, há a necessidade de justapor o código verbal ao musical, sem deixar que ocorram sobreposições. Leminski tinha a clara noção de que quando compunha uma letra estava criando uma partitura para o ouvido, enquanto ao escrever um poema estava trabalhando com uma mancha gráfica e, portanto, com uma partitura para os olhos. O segundo aspecto do universo da canção que atraía Leminski era ter seu nome difundido pelos veículos de massa. Não nos esqueçamos que ele foi um homem que tinha intimidade com o universo da publicidade. Sabia com nitidez que o letrista Leminski era estrategicamente eficaz para a difusão do poeta. Sabia que existir na mídia, ser reproduzido pelas ondas longas, médias e curtas do rádio era um "barato" diferente: reconhecimento imediato.

Apesar de ter granjeado, com *Catatau*, um certo renome para além das fronteiras curitibanas e concretistas, Leminski só vai reunir alguns de seus poemas em livro em 1979, no álbum *40 Clics*, em parceria com o fotógrafo Jack Pires, numa edição limitada a 300 exemplares.

A partir de 1977, concentra-se em suas atividades jornalísticas e publicitárias. Os problemas de saúde de seu filho mais velho, Miguel, exigem que ele e Alice aumentem a renda familiar. A morte desse filho, em 1979, de leucemia, foi muito sentida pelo casal e parece ter contribuído para que o poeta tenha voltado a beber no ano seguinte. Em 1978, depois de ter sido diagnosticado um problema no seu fígado, devido ao uso intensivo e prolongado de bebidas alcoólicas, Leminski havia tomado a decisão de não mais beber. Em carta a Régis Bonvicino, em 13 de abril de 1978, informa-o desta decisão:

> meu fígado deu um stop, parei de beber total: está fazendo uma semana q não provo álcool, se der, não provo mais. cheguei à conclusão q o álcool até agora tinha me dado mas ia começar a me tirar. não quero acabar como f pessoa com hepatite etílica aos 44 anos. pound e maiakovski, os maiores poetas do século, não bebiam.

O próprio Bonvicino observa a ironia amarga do destino que fez com que Leminski morresse exatamente aos 44 anos, justamente de hepatite etílica.

O início da década de 1980 parece mostrar que a estratégia de Leminski de alcançar os veículos de massa pela MPB tinha dado certo. Caetano Veloso grava "Verdura", com letra de Leminski, em 1981, e no ano seguinte outras canções suas aparecem gravadas nos álbuns de Moraes Moreira, de Paulinho Boca de Cantor e do grupo A Cor do Som. Ao mesmo tempo, escreve resenhas para o *Folhetim* da *Folha de S.Paulo* e para a revista *Veja*. Em 1983 o mercado editorial finalmente abre-lhe as portas, pela editora

Brasiliense, e no mesmo ano publica três de seus livros – os ensaio-biografias *Cruz e Souza:* o negro branco e *Bashô:* a lágrima do peixe, além do livro de poemas *Caprichos e relaxos*.

Esse foi um raro momento em que o mercado editorial deu oportunidade aos novos autores que, nesse período, eram agrupados pela crítica sob a denominação genérica de "poesia marginal". Na mesma época, a Brasiliense publicava o primeiro livro, digamos, comercial, ou oficial de vários desses autores ditos "marginais": Francisco Alvim (*Passa-tempo* e *Outros poemas*), Ana Cristina César (*A teus pés*), Chacal (*Drops de abril*) e a própria Alice Ruiz (*Pelos pelos*). Todos eles haviam lançado livros artes anais ou edições de autor.

Era a época do fim da censura e o mercado editorial então vivia uma espécie de *boom* da literatura de depoimentos sobre os "anos de chumbo", como era denominada a década de 1970. A poesia desse período, por seu caráter extremamente documental, veio a reboque no bojo desse movimento editorial. No entanto, passada a euforia, o mercado, com raras exceções, foi se ajustando novamente a sua tradicional e preconceituosa postura de que "poesia não vende".

Leminski tornou-se uma exceção. *Caprichos e relaxos* (1983) teve uma vendagem extraordinária, esgotando seguidas edições e sendo inclusive reeditado, sob licença, em 1988, pelo Círculo do Livro, uma editora de caráter marcadamente comercial. Ao lado do sucesso de público, a crítica mais atenta confirmou, como já o fizera antes, o talento do autor de *Catatau*. O curioso é que, embora este livro não deixe de ter poemas com um sotaque nitidamente "setentista", tais como

entro e saio

dentro
é só ensaio

***

confira

tudo que respira
conspira

***

ameixas
ame-as
ou deixe-as

típicas do estalo momentâneo da poesia marginal, em que a paródia, a piada e o *nonsense* são frequentes, *Caprichos e relaxos* é principalmente uma cole-tânea de poemas extraídos de publicações independentes, desde os tempos da revista *Invenção*. Mesmo uma leitura superficial mostra o quão distante estava a poesia de Leminski da chamada poesia marginal. Alguns exemplos:

o barro
toma a forma
que você quiser

você nem sabe
estar fazendo apenas
o que o barro quer

***

vento
que é vento
fica

parede
parede
passa

meu ritmo
bate no vento
e se

des
pe
da
ça

***

girafas

africanas

como meus avós

quem me dera

ver o mundo

tão do alto

quanto vós

O tom desses poemas sugere uma transcendência histórica pouco comum à maior parte da poesia marginal, que em sua maioria tematizava, ou procurava tematizar, a existência concreta, inserida no período histórico do próprio poeta que a criava.

Uma outra diferença a ser notada é o cuidado artesanal com a linguagem. O uso da rima no final do verso, instrumento que foi se secundarizando desde o modernismo, e que Leminski nunca deixou de utilizar na maioria de seus poemas, tematiza alguns poemas de *Caprichos e relaxos*:

nascemos em poemas diversos
destino quis que a gente se achasse
na mesma estrofe e na mesma classe
no mesmo verso e na mesma frase

rima à primeira vista nos vimos
trocamos nossos sinônimos
olhares não mais anônimos

nesta altura da leitura
nas mesmas pistas
mistas a minha a tua a nossa linha

***

Amor, então,
também, acaba?
Não, que eu saiba.
O que eu sei
é que se transforma
numa matéria-prima
que a vida se encarrega
de transformar em raiva.
Ou em rima.

Caprichos e relaxos apresenta também poemas de forte influência concretista como

materesmofo
temaserfomo
termosfameo
metrofasemo
mortemesafo
amorfotemes
emarometesf
eramosfetem
fetomormesa
mesamorfeto
efatormesom
maefortosem
saotemorfem
termosefoma
faseortomem
motormetase
matermofeso
metaformose

ao lado de historietas bem ao gosto adolescente dos poetas marginais dos anos 1970:

Meu professor de análise sintática era o tipo do
sujeito inexistente.

Um pleonasmo, o principal predicado da sua vida,
regular como um paradigma da 1ª conjugação.
Entre uma oração subordinada e um adjunto adverbial,
ele não tinha dúvidas: sempre achava um jeito
assindético de nos torturar com um aposto.
Casou com uma regência.
Foi infeliz.
Era possessivo como um pronome.
E ela era bitransitiva.
Tentou ir para os EUA.
Não deu.
Acharam um artigo indefinido em sua bagagem.
A interjeição do bigode declinava partículas expletivas,
conetivos e agentes da passiva, o tempo todo.
Um dia, matei-o com um objeto direto na cabeça.

Isso sem falar em alguns de seus haicais, forma que atravessa toda a sua obra, e que foram pela primeira vez reunidos na seção "Ideolágrimas" do livro.

a água que me chama
em mim deságua
a chama que me mágua

***

beija
flor
na chuva

gota
alguma
derruba

***

a chuva é fraca
cresçam com força
línguas-de-vaca

O livro, enfim, apresentava ao grande público um autor que tinha a capacidade de absorver criticamente, e sem sectarismos, todas as tendências poéticas de seu tempo e apresentá-las convertidas (ou até mesmo pervertidas) pela voz de sua individualidade.

Há na obra de Leminski momentos surpreendentes, em que nos deparamos com um poeta que passeia pelas volutas (ou seriam labirintos?) da nossa alma barroca. Ficamos admirados de encontrar a incidência de um forte traço barroco em alguns poemas quando da seleção dos textos desse volume. O que julgamos mais curioso é que esse traço que identificamos como barroco é absolutamente coerente com a formação poética deste "mulato-polaco" que sempre amou a palavra enquanto elemento lúdico, combinatório, anagramático. Se por um lado pode-se perceber aí uma evidente ressonância do concretismo, por outro, descobre-se que Leminski traz para a poesia de sua geração um comportamento marcante do barroco – o caráter charadístico da composição. Isto é, o texto poético que se constrói com a intenção de desafiar o leitor a decifrar o objeto do poema devido ao jogo de sons e imagens que a palavra arma.

Leminski sabia construir sua linguagem de modo lúdico com grande competência, procurando abarcar o absoluto por meio de conceitos relativos. Em seus labirintos de espelhos, Leminski brincava de ser Gregório de Mattos, como no poema que se segue:

ali
só
ali
se

se alice
ali se visse
quanto alice viu
e não disse

se ali
ali se dissesse
quanta palavra
veio e não desce

ali
bem ali
dentro da alice
só alice
com alice
ali se parece

Se sabia latim, não era para mostrar-se como um espírito conservador e purista, mas sim para traduzir *Satiricon*, de Petrônio. Foi provavelmente sua ligação com o grupo concretista de São Paulo que o levou a Erza Pound, poeta que tanto admirava, e a tentar assumir por completo sua palavra de ordem: *make it new*.

Nos dois anos seguintes, Leminski lançou quase a totalidade de sua obra como tradutor – *Pergunte ao pó*, de John Fante (1984), *Sol e aço*, de Yukio Mishima (1985), *O supermacho*, de Alfred Jarry (1985), *Giacomo Joyce*, de James Joyce (1985) e o já citado *Satiricon* (1985). Todas essas traduções, juntamente com os ensaios que as acompanham, formam um importante capítulo na obra do autor. Sempre no hibridismo entre o capricho sem sisudez e o relaxo atento. Por isso, talvez, a imagem do samurai malandro, que Leyla Perrone criou, lhe caia tão bem: samurai (a imagem da máxima disciplina) e malandro (o antidisciplinado típico).

Um aspecto marcante na obra poética de Paulo Leminski é o esmero que o autor trabalha o poema enquanto mancha gráfica, a atenção que dispensa à palavra enquanto elemento significante e à letra enquanto corpo tipográfico variante em sua carga comunicativa. Este cuidado do autor tanto pode ser atribuído à sua afinidade com a produção da poesia concreta quanto à sua vivência de publicitário.

Em 1984, Leminski lança o seu segundo romance: *Agora é que são elas*. O livro foi muito criticado por aqueles que, com certeza, esperavam um novo *Catatau*. Boris Schnaiderman, no entanto, fez uma defesa emocionada do livro, em 1989, por ocasião da morte do poeta.

Ainda em 1984, é lançado o seu terceiro ensaio-biografia, "Jesus a.C.", um interessante texto sobre um Cristo poético. O antigo professor de História começa a preparar o salto maior que dará nessa matéria ao publicar, dois anos depois, *Leon Trotski: a paixão segundo a revolução*, volume que encerra essa tetralogia.

Em 1985, ano quase inteiramente dedicado às traduções, lança, em parceria com Alice Ruiz, o livro de poemas *Haitropikais*. No ano seguinte é publicada a tradução de *Malone morre*, de Samuel Beckett. *Distraídos venceremos*, último livro de poemas de Leminski publicado em vida, é lançado em 1987. No mesmo ano sai a sua tradução de *Fogo e água na terra dos deuses* (poesia egípcia antiga). Esse é também o ano de sua separação de Alice Ruiz, terminando assim uma união de quase duas décadas.

Leminski, então, dispersa a sua biblioteca e muda-se para São Paulo em 1988. Trabalha como colaborador do *Jornal de Vanguarda*, na Rede Bandeirantes e em um breve momento de reconciliação com Alice Ruiz, selecionam juntos os poemas que serão publicados postumamente sob o título de *La vie en close* (1991).

Leite Quente, uma revista voltada para os aspectos culturais do Paraná, publica, em março de 1989, "Nossa linguagem", um longo ensaio sobre a linguagem curitibana, que acabou se tornando a última publicação do autor em vida. Paulo Leminski morre no dia 7 de junho de 1989. O fato é noticiado em toda a grande imprensa do país. A *Revista da USP* publica textos de Carlos Ávila, Leyla Perrone-Moisés e Boris Schnaiderman em sua homenagem. A Fundação Cultural de Curitiba lança *Memória de Vida*, um tabloide de 32 páginas sobre sua vida e obra, com vários poemas e numerosos depoimentos. Sai ainda nesse ano a 2ª edição de *Catatau*, agora pela Editora Sulina de Porto Alegre.

Em 1990, sai a 2ª edição de *40 Clics*, dessa vez com uma tiragem de 3 mil exemplares. Neste mesmo ano seus ensaios-biografias são reunidos e republicados no volume *Vida* (Editora Sulina).

La vie en close vem a público em 1991. *Uma carta uma brasa através: cartas a Régis Bonvicino* é lançado em 1992 pela editora Iluminuras de São Paulo, a mesma que, dois anos mais tarde, publicaria um pequeno volume de ensaios inéditos de Leminski: *Metaformose: uma viagem pelo imaginário grego*.

Ainda assim são apenas pistas, fios de uma rede complexa que podem levar somente a mais um enigma, um mistério. O último livro de poemas de Leminski se chama *La vie en close*, cuja última parte ("Kawásu") é composta única e exclusivamente de haicais. Este livro póstumo, composto por alguns poemas com títulos em francês e japonês, soa como um desafio, um último sorriso, ou talvez como a gargalhada iluminadora de Bodhidarma.

Ao comentar os textos que traduziu de Beckett e Mishima, Leminski chamava a atenção do leitor para a incidência constante de termos como "talvez", "quem sabe", "pode ser" na obra desses autores. Tentar analisar os fios condutores da obra de Leminski é atravessar um campo inteiramente minado por esses termos. Se qualquer análise literária é, por sua própria natureza, uma atitude de risco, no caso de Leminski esse risco pode ser fatal. A sombra do Minotauro está em toda parte. Leyla Perrone-Moisés, que já esteve no labirinto leminskiano, comentando os poemas de *Caprichos e relaxos*, dá uma dica:

> Samurai e malandro, Leminski ganha a aposta do poema, ora por um golpe de lâmina, ora por um jogo de cintura. Tão rápido que nos pega de surpresa; quando menos se espera, o poema já está ali. E então o golpe ou a ginga que o produziu parece tão simples que é quase um desaforo.

POEMAS

CAPRICHOS E RELAXOS

um dia desses quero ser
um grande poeta inglês
do século passado
dizer
ó céu ó mar ó clã ó destino
lutar na índia em 1866
e sumir num naufrágio clandestino

ali
só
ali
se

se alice
ali se visse
quanto alice viu
e não disse

se ali
ali se dissesse
quanta palavra
veio e não desce

ali
bem ali
dentro da alice
só alice
com alice
ali se parece

das coisas
que eu fiz a metro
todos saberão
quantos quilômetros
são

aquelas
em centímetros
sentimentos mínimos
ímpetos infinitos
não?

parar de escrever
bilhetes de felicitações
como se eu fosse camões
e as ilíadas dos meus dias
fossem lusíadas,
rosas, vieiras, sermões

Bom dia, poetas velhos.
Me deixem na boca
o gosto de versos
mais fortes que não farei.

Dia vai vir que os saiba
tão bem que vos cite
como quem tê-los
um tanto feito também,
acredite.

objeto
do meu mais desesperado desejo
não seja aquilo
por quem ardo e não vejo

seja a estrela que me beija
oriente que me reja
azul amor beleza

faça qualquer coisa
mas pelo amor de deus
ou de nós dois
seja

uma carta uma brasa através
por dentro do texto
nuvem cheia da minha chuva
cruza o deserto por mim
a montanha caminha
o mar entre os dois
uma sílaba um soluço
um sim um não um ai
sinais dizendo nós
quando não estamos mais

minha amiga
indecisa
lida com coisas
semifusas

quando confusas
mesmo as exatas
medusas
se transmudam
em musas

entre a dívida externa
e a dúvida interna
meu coração
comercial
        alterna

não possa tanta distância
deixar entre nós
este sol
que se põe
entre uma onda
e outra onda
no oceano dos lençóis

o novo
não me choca mais
nada de novo
sob o sol

apenas o mesmo
ovo de sempre
choca o mesmo novo

minhas 7 quedas

minha primeira queda
não abriu o paraquedas

daí passei feito uma pedra
pra minha segunda queda

da segunda à terceira queda
foi um pulo que é uma seda

nisso uma quinta queda
pega a quarta e arremeda

na sexta continuei caindo
agora com licença
mais um abismo vem vindo

a história faz sentido
isso li num livro antigo
que de tão ambíguo
faz tempo se foi na mão de algum amigo

logo chegamos à conclusão
tudo não passou de um somenos
e voltaremos
à costumeira confusão

o velho leon e natália em coyoacán

desta vez não vai ter neve como em petrogrado
aquele dia
o céu vai estar limpo e o sol brilhando
você dormindo e eu sonhando

nem casacos nem cossacos como em petrogrado
aquele dia
apenas você nua e eu como nasci
eu dormindo e você sonhando

não vai mais ter multidões gritando como em
petrogrado aquele dia
silêncio nós dois murmúrios azuis
eu e você dormindo e sonhando

nunca mais vai ter um dia como em petrogrado
aquele dia
nada como um dia indo atrás do outro vindo
você e eu sonhando e dormindo

Dança na chuva

senhorita chuva
me concede a honra
desta contradança
e vamos sair
por esses campos
ao som desta chuva
que cai sobre o telhado

aqui

nesta pedra

alguém sentou
olhando o mar

o mar
não parou
pra ser olhado

foi mar
pra tudo quanto é lado

um deus também é o vento
só se vê nos seus efeitos
árvores em pânico
bandeiras
água trêmula
navios a zarpar

me ensina
a sofrer sem ser visto
a gozar em silêncio
o meu próprio passar
nunca duas vezes
no mesmo lugar

a este deus
que levanta a poeira dos caminhos
os levando a voar
consagro este suspiro

nele cresça
até virar vendaval

tenho andado fraco

levanto a mão
é uma mão de macaco

tenho andado só
lembrando que sou pó

tenho andado tanto
diabo querendo ser santo

tenho andado cheio
o copo pelo meio

tenho andado sem pai

yo no creo en caminos
pero que los hay
               hay

dois loucos no bairro

um passa os dias
chutando postes para ver se acendem

o outro as noites
apagando palavras
contra um papel branco

todo bairro tem um louco
que o bairro trata bem
só falta mais um pouco
pra eu ser tratado também

você
que a gente chama
quando gama
quando está com medo
e mágua
quando está com sede
e não tem água
você
só você
que a gente segue
até que acaba
em cheque
ou em chamas
qualquer som
qualquer um
pode ser tua voz
teu zumzumzum
todo susto
sob a forma
de um súbito arbusto
seixo solto
céu revolto
pode ser teu vulto
ou tua volta

moinho de versos
movido a vento
em noites de boemia

vai vir o dia
quando tudo que eu diga
seja poesia

dia
dai-me
a sabedoria de caetano
nunca ler jornais
a loucura de gláuber
tem sempre uma cabeça cortada a mais
a fúria de décio
nunca fazer versinhos normais

furo a parede branca
para que a lua entre
e confira com a que,
frouxa no meu sonho,
é maior do que a noite

tanta maravilha
maravilha durar
aqui neste lugar
onde nada dura
onde nada para
para ser ventura

não fosse isso
e era menos
não fosse tanto
e era quase

apagar-me
diluir-me
desmanchar-me
até que depois
de mim
de nós
de tudo
não reste mais
que o charme

coração
PRA CIMA
escrito embaixo
FRÁGIL

soprando esse bambu
só tiro
o que lhe deu o vento

evapora
perfume
para o lume
lá em cima
o alto lume
respira
perfumes
você
se lança
cume
nume
névoa
vaga-lumes

a noite
me pinga uma estrela no olho
e passa

acordo	logo	durmo
durmo	logo	acordo
nem	memórias	nem diários
comigo	mesmo	dialogo
daqui	até	ali
dali	até	logo

en la lucha de clases
todas las armas son buenas
piedras
noches
poemas

você para
a fim de ver
o que te espera

só uma nuvem
te separa
das estrelas

não discuto
com o destino

o que pintar
eu assino

o sol escreve
em tua pele
o nome de outra raça

esquece
em cada uva
a história do céu
do vento
e da chuva

ana vê alice
como se nada visse
como se nada ali estivesse
como se ana não existisse

vendo ana
alice descobre a análise
ana vale-se
da análise de alice
faz-se Ana Alice

passa e volta
a cada gole
uma revolta

um pouco de mao
    em todo poema que ensina

    quanto menor
    mais do tamanho da china

meus amigos
quando me dão a mão
sempre deixam
outra coisa

presença
olhar
lembrança calor

meus amigos
quando me dão
deixam na minha
a sua mão

o pauloleminski
é um cachorro louco
que deve ser morto
a pau a pedra
a fogo a pique
senão é bem capaz
o filhadaputa
de fazer chover
em nosso piquenique

acordei bemol
tudo estava sustenido

sol fazia
só não fazia sentido

à pureza com que sonha
o compositor popular

um dia poder compor
uma canção de ninar

duas folhas na sandália

o outono
também quer andar

a palmeira estremece
palmas para ela
que ela merece

    relógio parado
o ouvido ouve
    o tic tac passado

a estrela cadente
me caiu ainda quente
na palma da mão

aqui é alto

anos não ouço
o c(h)oro dos sapos

verde a árvore caída
vira amarelo
a última vez na vida

nada me demove
ainda vou ser
o pai dos irmãos karamazov

por um fio
        o fio foi-se
                o fio da foice

lua de outono
por ti
quantos s/ sono

milagre de inverno
agora é ouro
a água das laranjas

xavante
muitos xxxxx
avante

1º dia de aula
na sala de aula
eu e a sala

roupas no varal

deus seja louvado
entre as coisas lavadas

a chuva vem de cima

correm
como se viesse atrás

hai-cai: hi-fi

I

chove
na única
qu'houve

cavalo com guizos
sigo com os olhos
e me cavalizo

de espanto
espontânea oh
espantânea

o	a	o	o	a	e
cor	jib	gat	vac	chu	est
v	b	é	c	v	e
voo	boi	tão	cuo	uva	mes
é	a	l	é	é	m
neg	com	ent	ond	mai	esm
r	m	o	e	o	m
ati	ome	qua	vac	aio	mes
v	u	n	c	e	a
viv	hum	nto	cas	que	esm
o	m	l	v	o	m
	boi	end	vão	gua	smo
		o	b	r	n
			ber	rda	est
				c	a
				chu	mes
				v	m
				uva	sma
				a	m
					esa

PARKER
TEXACO

ESSO
FORD

ADAMS
FABER

MELHORAL
SONRISAL

RINSO
LEVER
GESSY

RCE
GE

MOBILOIL
KOLYNOS

ELECTRIC
COLGATE
MOTORS

GENERAL

casas pernambucanas

pelo
branco
magnólia

co
azul
manhã
vermelho
colha

nem toda *hora*
é obra
nem toda obra
é *prima*
algumas são mães
outras irmãs
algumas
        clima

de ouvido
di   vi
di   do
entre
o
ver
&
o
vidro
du   vi   do

você me amava
disse
a margarida

a margarida
é doce
amarga a vida

SOL
LUA
POR QUE SÓ UM
DE CADA
          NO CÉU
        FLUTUA

PERHAPPINESS

se
nem
for
terra

se
trans
for
mar

PRA QUE CARA FEIA? NA VIDA NINGUÉM PAGA MEIA.

de som a som
ensino o silêncio
a ser sibilino

de sino em sino
o silêncio ao som
ensino

KAMI QUASE

LUA NA AGUA

ALGUMA LUA

LUA ALGUMA

materesmofo
temaserfomo
termosfameo
tremesfooma
metrofasemo
mortemesafo
amorfotemes
emarometesf
eramosfetem
fetomormesa
mesamorfeto
efatormesom
maefortosem
saotemorfem
termosefoma
faseortomem
motormefase
matermofeso
metaformose

DISTRAÍDOS VENCEREMOS

AVISO AOS NÁUFRAGOS

Esta página, por exemplo
não nasceu para ser lida.
    Nasceu para ser pálida,
um mero plágio da Ilíada,
    alguma coisa que cala,
folha que volta pro galho,
    muito depois de caída.

    Nasceu para ser praia,
quem sabe Andrômeda, Antártida,
    Himalaia, sílaba sentida,
nasceu para ser última
    a que não nasceu ainda.

    Palavras trazidas de longe
pelas águas do Nilo,
    um dia, esta página, papiro,
vai ter que ser traduzida,
    para o símbolo, para o sânscrito,
para todos os dialetos da Índia,
    vai ter que dizer bom dia
ao que só se diz ao pé do ouvido,
    vai ter que ser a brusca pedra
onde alguém deixou cair o vidro.
    Não é assim que é a vida?

MINIFESTO

ave a raiva desta noite
a baita lasca fúria abrupta
louca besta vaca solta
ruiva luz que contra o dia
tanto e tarde madrugastes

morra a calma desta tarde
morra em ouro
enfim, mais seda
a morte, essa fraude,
quando próspera

viva e morra sobretudo
este dia, metal vil,
surdo, cego e mudo,
nele tudo foi e, se ser foi tudo,
já nem tudo nem sei
se vai saber a primavera
ou se um dia saberei
quem nem eu saber nem ser nem era

ADMINIMISTÉRIO

Quando o mistério chegar,
já vai me encontrar dormindo,
metade dando pro sábado,
outra metade, domingo.
Não haja som nem silêncio,
quando o mistério aumentar.
Silêncio é coisa sem senso,
não cesso de observar.
Mistério, algo que, penso,
mais tempo, menos lugar.
Quando o mistério voltar,
meu sono esteja tão solto,
nem haja susto no mundo
que possa me sustentar.

Meia-noite, livro aberto.
Mariposas e mosquitos
pousam no texto incerto.
Seria o branco da folha,
luz que parece objeto?
Quem sabe o cheiro do preto,
que cai ali como um resto?
Ou seria que os insetos
descobriram parentesco
com as letras do asfabeto?

ICEBERG

Uma poesia ártica,
claro, é isso que eu desejo.
Uma prática pálida,
três versos de gelo.
Uma frase-superfície
onde vida-frase alguma
não seja mais possível.
Frase, não. Nenhuma.
Uma lira nula,
reduzida ao puro mínimo,
um piscar do espírito,
a única coisa única.
Mas falo. E, ao falar, provoco
nuvens de equívocoos
(ou enxame de monólogos?).
Sim, inverno, estamos vivos.

POR UM LINDÉSIMO DE SEGUNDO

    tudo em mim
anda amil
    tudo assim
tudo por um fio
    tudo feito
tudo estivesse no cio
    tudo pisando macio
tudo psiu

    tudo em minha volta
anda às tontas
    como se as coisas
fossem todas
    afinal de contas

Transar bem todas as ondas
a Papai do Céu pertence,
    fazer as luas redondas
ou me nascer paranaense.
    A nós, gente, só foi dada
essa maldita capacidade,
    transformar amor em nada.

O MÍNIMO DO MÁXIMO

Tempo lento,
espaço rápido,
quanto mais penso,
menos capto.
Se não pego isso
que me passa no íntimo,
importa muito?
Rapto o ritmo.
Espaçotempo ávido,
lento espaçodentro,
quando me aproximo,
simplesmente me desfaço,
apenas o mínimo
em matéria de máximo.

ALÉM ALMA
(UMA GRAMA DEPOIS)

    Meu coração lá de longe
faz sinal que quer voltar.
    Já no peito trago em bronze:
NÃO TEM VAGA NEM LUGAR.
    Pra que me serve um negócio
que não cessa de bater?
    Mais parece um relógio
que acaba de enlouquecer.
    Pra que é que eu quero quem chora,
se estou tão bem assim,
    e o vazio que vai lá fora
cai macio dentro de mim?

PLENA PAUSA

Lugar onde se faz
o que já foi feito,
   branco da página,
soma de todos os textos,
   foi-se o tempo
quando, escrevendo,
   era preciso
uma folha isenta.

   Nenhuma página
jamais foi limpa.
   Mesmo a mais Saara,
ártica, significa.
   Nunca houve isso,
uma página em branco.
   No fundo, todas gritam,
pálidas de tanto.

O PAR QUE ME PARECE

Pesa dentro de mim
o idioma que não fiz,
aquela língua sem fim
feita de aís e de aquis.
Era uma língua bonita,
música, mais que palavra,
alguma coisa de hitita,
praia de mar de Java.
Um idioma perfeito,
quase não tinha objeto.
Pronomes do caso reto,
nunca acabavam sujeitos.
Tudo era seu múltiplo,
verbo, triplo, prolixo.
Gritos eram os únicos.
O resto, ia pro lixo.
Dois leos em cada pardo,
dois saltos em cada pulo,
eu que só via a metade,
silêncio, está tudo duplo.

DESENCONTRÁRIOS

Mandei a palavra rimar,
ela não me obedeceu.
Falou em mar, em céu, em rosa,
em grego, em silêncio, em prosa.
Parecia fora de si,
a sílaba silenciosa.

Mandei a frase sonhar,
e ela se foi num labirinto.
fazer poesia, eu sinto, apenas isso.
Dar ordens a um exército,
para conquistar um império extinto.

O QUE QUER DIZER

para Haroldo de Campos,
translator maximus

o que quer dizer, diz.
Não fica fazendo
o que, um dia, eu sempre fiz.
Não fica só querendo, querendo,
coisa que eu nunca quis.
O que quer dizer, diz.
Só se dizendo num outro
o que, um dia, se disse,
um dia, vai ser feliz.

CLARO CALAR SOBRE UMA CIDADE DE RUÍNAS (RUINOGRAMAS)

Em Brasília, admirei.
Não a niemeyer lei,
a vida das pessoas
penetrando nos esquemas
como a tinta sangue
no mata-borrão,
crescendo o vermelho gente,
entre pedra e pedra,
pela terra a dentro.

Em Brasília, admirei.
O pequeno restaurante clandestino,
criminoso por estar
fora da quadra permitida.
Sim, Brasília.
Admirei o tempo
que já cobre de anos
tuas impecáveis matemáticas.

Adeus, Cidade.
O erro, claro, não a lei.
Muito me admirastes,
Muito te admirei.

NOMES A MENOS

Nome mais nome igual a nome,
uns nomes menos, uns nomes mais.
Menos é mais ou menos,
nem todos os nomes são iguais.

Uma coisa é a coisa, par ou ímpar,
outra coisa é o nome, par e par,
retrato da coisa quando límpida,
coisa que as coisas deixam ao passar.

Nome de bicho, nome de mês,
nome de estrela,
nome dos meus amores, nomes animais,
a soma de todos os nomes,
nunca vai dar uma coisa, nunca mais.

Cidades passam. Só os nomes vão ficar.
Que coisa dói dentro do nome
que não tem nome que conte
nem coisa pra se contar?

VOLTA EM ABERTO

Ambígua volta
em torno da ambígua ida,
quantas ambiguidades
se pode cometer na vida?
Quem parte leva um jeito
de quem traz a alma torta.
Quem bate mais na porta?
Quem parte ou quem torna?

O NÁUFRAGO NÁUGRAFO

a letra A a
funda no A
tlântico
e pacífico com
templo a luta
entre a rápida letra
e o oceano
lento

assim
fundo e me afundo
de todos os náufragos
náugrafo
o náufrago
mais
profundo

o amor, esse sufoco,
agora há pouco era muito,
agora, apenas um sopro

ah, troço de louco,
corações trocando rosas,
e socos

AÇO EM FLOR

para Koji Sakaguchi, portal amigo
entre o Japão e o Brasil

Quem nunca viu
que a flor, a faca e a fera
tanto fez como tanto faz,
e a forte flor que a faca faz
na fraca carne,
um pouco menos, um pouco mais,
quem nunca viu
a ternura que vai
no fio da lâmina samurai,
esse, nunca vai ser capaz.

A LUA NO CINEMA

A lua foi ao cinema,
passava um filme engraçado,
a história de uma estrela
que não tinha namorado.

Não tinha porque era apenas
uma estrela bem pequena,
dessas que, quando apagam,
ninguém vai dizer, que pena!

Era uma estrela sozinha,
ninguém olhava pra ela,
e toda a luz que ela tinha
cabia numa janela.

A lua ficou tão triste
com aquela história de amor,
que até hoje a lua insiste:
– Amanheça, por favor!

ANCH'IO SON PITTORE

fra angélico
quando pintava
uma madona col bambino
se ajoelhava e rezava
como se fosse um menino

orava diante da obra
como se fosse pecado
pintar aquela senhora
sem estar ajoelhado

orava como se a obra
fosse de deus não do homem

podem ficar com a realidade
esse baixo-astral
em que tudo entra pelo cano

eu quero viver de verdade
eu fico com o cinema americano

eu ontem tive a impressão
que deus quis falar comigo
não lhe dei ouvidos

quem sou eu para falar com deus?
ele que cuide dos seus assuntos
eu cuido dos meus

PARADA CARDÍACA

Essa minha secura
essa falta de sentimento
não tem ninguém que segure
vem de dentro

Vem da zona escura
donde vem o que sinto
sinto muito
sentir é muito lento

como se eu fosse júlio plaza

prazer
da pura percepção
os sentidos
sejam a crítica
da razão

SUJEITO INDIRETO

Quem dera eu achasse um jeito
de fazer tudo perfeito,
feito a coisa fosse o projeto
e tudo já nascesse satisfeito.
Quem dera eu visse o outro lado,
o lado de lá, lado meio,
onde o triângulo é quadrado
e o torto parece direito.
Quem dera um ângulo reto.
Já começo a ficar cheio
de não saber quando eu falto,
de ser, mim, indireto sujeito.

para que leda me leia
precisa papel de seda
precisa pedra e areia
para que leia me leda

precisa lenda e certeza
precisa ser e sereia
para que apenas me veja

pena que seja leda
quem quer você que me leia

VOLÁTEIS

Anos andando no mato
nunca vi um passarinho morto,
como vi um passarinho nato.

Onde acabam esses voos?
Dissolvem-se no ar, na brisa, no ato?
São solúveis em água ou em vinho?

Quem sabe, uma doença dos olhos.
Ou serão eternos os passarinhos?

Marginal é quem escreve à margem,
deixando branca a página
para que a paisagem passe
e deixe tudo claro à sua passagem.

Marginal, escrever na entrelinha,
sem nunca saber direito
quem veio primeiro,
o ovo ou a galinha.

ROSA RILKE RAIMUNDO CORREIA

Uma pálpebra,
mais uma, mais outras,
enfim, dezenas
de pálpebras sobre pálpebras
tentando fazer
das minhas trevas
alguma coisa a mais
que lágrimas

TRÊS METADES

Meio dia
um dia e meio
meio dia, meio noite,
metade deste poema
não sai na fotografia,
metade, metade foi-se.

Mas eis que a terça metade,
aquela que é menos dose
de matemática verdade
do que soco, tiro, ou coice,
vai e vem como coisa
de ou, de nem, ou de quase.

Como se a gente tivesse
metades que não combinam,
três partes, destempestades,
três vezes ou vezes três,
como se quase, existindo,
só nos faltasse o talvez.

RAZÃO DE SER

Escrevo. E pronto.
Escrevo porque preciso,
    preciso porque estou tonto.
Ninguém tem nada com isso.
    Escrevo porque amanhece,
e as estrelas lá no céu
    lembram letras no papel,
quando o poema me anoitece.
    A aranha tece teias.
O peixe beija e morde o que vê.
    Eu escrevo apenas.
Tem que ter por quê?

Nem tudo envelhece.
O brilho púrpura,
sob a água pura,
ah, se eu pudesse.

Nem tudo,
sentir fica.
Fica como a magnólia,
magnífica.

ai daqueles
que se amaram sem nenhuma briga
    aqueles que deixaram
que a mágoa nova
    virasse a chaga antiga

    ai daqueles que se amaram
sem saber que amar é pão feito em casa
    e que a pedra só não voa
porque não quer
    não porque não tem asa

DIVERSONAGENS SUSPERSAS

Meu verso, temo, vem do berço.
Não versejo porque eu quero,
versejo quando converso
e converso por conversar.
Pra que sirvo senão pra isto,
pra ser vinte e pra ser visto,
pra ser versa e pra ser vice,
pra ser a super-superfície
onde o verbo vem ser mais?

Não sirvo pra observar.
Verso, persevero e conservo
um susto de quem se perde
no exato lugar onde está.

Onde estará meu verso?
Em algum lugar de um lugar,
onde o avesso do inverso
começa a ver e ficar.
Por mais prosas que eu perveta,
Não permita Deus que eu perca
meu jeito de versejar.

Adeus, coisas que nunca tive,
dívidas externas, vaidades terrenas,
   lupas de detetive, adeus.
Adeus, plenitudes inesperadas,
   sustos, ímpetos e espetáculos, adeus.
Adeus, que lá se vão meus ais.
   Um dia, quem sabe, sejam seus,
como um dia foram dos meus pais.
   Adeus, mamãe, adeus, papai, adeus,
adeus, meus filhos, quem sabe um dia
   todos os filhos serão meus.
Adeus, mundo cruel, fábula de papel,
   sopro de vento, torre de babel,
adeus, coisas ao léu, adeus.

DESPROPÓSITO GERAL

Esse estranho hábito,
escrever obras-primas,
não me veio rápido.
Custou-me rimas.
Umas, paguei caro,
liras, vidas, preços máximos.
Umas, foi fácil.
Outras, nem falo.
Me lembro duma
que desfiz a socos.
Duas, em suma.
Bati mais um pouco.
Esse estranho abuso,
adquiri, faz séculos.
Aos outros, as músicas.
Eu, senhor, sou todo ecos.

INCENSO FOSSE MÚSICA

isso de querer
ser exatamente aquilo
que a gente é
ainda vai
nos levar além

M, DE MEMÓRIA

Os livros sabem de cor
milhares de poemas.
Que memória!
Lembrar, assim, vale a pena.
Vale a pena o desperdício,
Ulisses voltou de Troia,
assim como Dante disse,
o céu não vale uma história.
Um dia, o diabo veio
seduzir um doutor Fausto.
Byron era verdadeiro.
Fernando, pessoa, era falso.
Mallarmé era tão pálido,
mais parecia uma página.
Rimbaud se mandou pra África,
Hemingway de miragens.
Os livros sabem de tudo.
Já sabem deste dilema.
Só não sabem que, no fundo,
ler não passa de uma lenda.

gardênias e hortênsias
não façam nada
que me lembre
que a este mundo eu pertença

deixem-me pensar
que tudo não passa
de uma terrível coincidência

POESIA:1970

Tudo o que eu faço
alguém em mim que eu desprezo
sempre acha o máximo.

Mal rabisco,
não dá mais pra mudar nada.
Já é um clássico.

HAI

Eis que nasce completo
e, ao morrer, morre germe,
o desejo, analfabeto,
de saber como reger-me,
ah, saber como me ajeito
para que eu seja quem fui,
eis o que nasce perfeito
e, ao crescer, diminui.

KAI

Mínimo templo
para um deus pequeno,
    aqui vos guarda,
em vez da dor que peno,
    meu extremo anjo de vanguarda.

De que máscara
se gaba sua lástima,
    de que vaga
se vangloria sua história,
    saiba quem saiba.

A mim me basta
a sombra que se deixa,
    o corpo que se afasta.

meiodia   três cores
eu disse vento
   e caíram todas as flores

abrindo um antigo caderno
foi que eu descobri
antigamente eu era eterno

enfim,
nu,
como vim

viu-me
e passou,
como um filme

ERA UMA VEZ

o sol nascente
    me fecha os olhos
até eu virar japonês

choveu
na carta que você mandou

quem mandou?

entre os garotos de bicicleta
o primeiro vaga-lume
de mil novecentos e oitenta e sete

sombras
derrubam
    sombras
quando a treva
    está madura

    sombras
o vento leva
    sombra
nenhuma
    dura

na torre da igreja
o passarinho pausa
pousa assim feito pousasse
o efeito na causa

primeiro frio do ano
fui feliz
se não me engano

entre
a água
e o chá
desab
rocha
o maracujá

ano novo
anos buscando
um ânimo novo

alvorada
alvoroço
    troco minha alma
por um almoço

TEMPORAL

fazia tempo
    que eu não me sentia
tão sentimental

cortinas de seda
o vento entra
sem pedir licença

lua à vista
brilhavas assim
    sobre auschwitz?

hoje à noite
lua alta
faltei
e ninguém sentiu
a minha falta

tudo dito,
nada feito,
fito e deito

tarde de vento
até as árvores
    querem vir para dentro

tudo claro
ainda não era o dia
era apenas o raio

LA VIE EN CLOSE

que pode ser aquilo,
lonjura, no azul, tranquila?

se nuvem, por que perdura?
montanha,
                    como vacila?

CURITIBAS

Conheço esta cidade
como a palma da minha pica.
Sei onde o palácio
sei onde a fonte fica.

Só não sei da saudade
a fina flor que fabrica.
Ser, eu sei. Quem sabe,
esta cidade me significa.

SINTONIA PARA PRESSA E PRESSÁGIO

Escrevia no espaço.
Hoje, grafo no tempo,
na pele, na palma, na pétala,
luz do momento.
Soo na dúvida que separa
o silêncio de quem grita
do escândalo que cala,
no tempo, distância, praça,
que a pausa, asa, leva
para ir do percalço ao espasmo.

Eis a voz, eis o deus, eis a fala,
eis que a luz se acendeu na casa
e não cabe mais na sala.

MAIS OU MENOS EM PONTO

Condenado a ser exato,
quem dera poder ser vago,
fogo-fátuo sobre um lago,
ludibriando igualmente
quem voa, quem nada, quem mente,
mosquito, sapo, serpente.

Condenado a ser exato
por um tempo escasso,
um tempo sem tempo
como se fosse o espaço,
exato me surpreendo,
losango, metro, compasso,
o que não quero, querendo.

sossegue coração
ainda não é agora
a confusão prossegue
sonhos a fora

calma calma
logo mais a gente goza
perto do osso
a carne é mais gostosa

SETE DIAS NA VIDA DE UMA LUZ

durante sete noites
uma luz transformou
a dor em dia
uma luz que eu não sabia
se vinha comigo
ou nascia sozinha

durante sete dias
uma luz brilhou
na ala dos queimados
queimou a dor
queimou a falta
queimou tudo
que precisava ser cauterizado

milagre além do pecado
que sentido pode ter
mais significado?

Hospital S. Vicente
Ala dos Queimados
Curitiba, outubro 87

ÍMPAR OU ÍMPAR

Pouco rimo tanto com faz.
Rimo logo ando com quando,
mirando menos com mais.
Rimo, rimas, miras, rimos,
como se todos rimássemos,
como se todos nós ríssemos,
se amar(rimar) fosse fácil.

Vida, coisa pra ser dita,
como é fita este fado que me mata.
Mal o digo, já meu siso se conflita
com a cisma que, infinita, me dilata.

você está tão longe
que às vezes penso
que nem existo

nem fale em amor
que amor é isto

RUMO AO SUMO

Disfarça, tem gente olhando.
Uns, olham pro alto,
   cometas, luas, galáxias.
Outros, olham de banda,
   lunetas, luares, sintaxes.
De frente ou de lado,
   sempre tem gente olhando,
olhando ou sendo olhado.

Outros olham para baixo,
procurando algum vestígio
   do tempo que a gente acha,
em busca do espaço perdido.
   Raros olham para dentro,
já que dentro não tem nada.
   Apenas um peso imenso,
a alma, esse conto de fada.

om/zaúm p/ roman óssipovitch jákobson

EU

o mundo desbrava em tua volta,
e tu buscavas a alma que se esconde
no coração da sílaba SIM.
Consoante? Vogal? Um trem para Oslo.
Pares, contrastes, Moscous, línguas transmentais.
Na noite nórdica, um rabino, viking,
sonha um céu de oclusivas e bilabiais.

RO

Um mundo, o velho mundo, árvore no outono,
Hitler entra em Praga, Rússia, revolútzia,
até nunca mais!
A lábiavelar tcheca
só vai até os montes Urais.

PA

Roma, Rôman, romântico romã,
Jak, Jákob, Jákobson, filho de Jacó,
preservar as palavras dos homens.
Enquanto houver um fonema,
eu nunca vou estar só.

DONNA MI PRIEGA 88

se amor é troca
ou entrega louca
discutem os sábios
entre os pequenos
e os grandes lábios

no primeiro caso
onde começa o acaso
e onde acaba o propósito
se tudo o que fazemos
é menos que amor
mas ainda não é ódio?

a tese segunda
evapora em pergunta
que entrega é tão louca
que toda espera é pouca?
qual dos cinco mil sentidos
está livre de mal-entendidos?

VOYAGE AU BOUT DE LA NUIT

o peito ensanguentado de verdades
rolo na rua esta cabeça calva e cega
não serve mais ao diabo que a carrega

PROFISSÃO DE FEBRE

quando chove,
eu chovo,
faz sol,
eu faço,
de noite,
anoiteço,
tem deus,
eu rezo,
não tem,
esqueço,
chove de novo,
de novo chovo,
assobio no vento,
daqui me vejo,
lá vou eu,
gesto no movimento

ÁGUA EM ÁGUA

pedirem um milagre
nem pisco
transformo água em água
e risco em risco

o bicho alfabeto
tem vinte e três patas
ou quase

por onde ele passa
nascem palavras
e frases

com frases
se fazem asas
palavras
o vento leve

o bicho alfabeto
passa
fica o que não se escreve

TIBAGI

    presa no tempo
a lua
      lá
    como se para sempre

    o verde
                    ali
cumprindo o seu dever

    ser verde
até não mais poder

um homem com uma dor
é muito mais elegante
    caminha assim de lado
como se chegando atrasado
    andasse mais adiante

    carrega o peso da dor
como se portasse medalhas
    uma coroa um milhão de dólares
ou coisas que os valha
    ópios édens analgésicos
não me toquem nessa dor
    ela é tudo que me sobra
sofrer, vai ser minha última obra

ABAIXO O ALÉM

de dia
céu com nuvens
ou céu sem

de noite
não tendo nuvens
estrela
sempre tem

quem me dera
um céu vazio
azul isento
de sentimento
e de cio

isso sim me assombra e deslumbra
como é que o som penetra na sombra
e a pena sai da penumbra?

O QUE PASSOU, PASSOU?

Antigamente, se morria.
1907, digamos, aquilo sim
é que era morrer.
Morria gente todo dia,
e morria com muito prazer,
já que todo mundo sabia
que o Juízo, afinal, viria,
e todo mundo ia renascer.
Morria-se praticamente de tudo.
de doença, de parto, de tosse.
E ainda se morria de amor,
como se amar morte fosse.
Pra morrer, bastava um susto,
um lenço no vento, um suspiro e pronto,
lá se ia nosso defunto
para a terra dos pés juntos.
Dia de anos, casamento, batizado,
morrer era um tipo de festa,
uma das coisas da vida,
como ser ou não ser convidado.
O escândalo era de praxe.
Mas os danos eram pequenos.
Descansou. Partiu. Deus o tenha.
Sempre alguém tinha uma frase
que deixava aquilo mais ou menos.
Tinha coisas que matavam na certa.
Pepino com leite, vento encanado,
praga de velha e amor malcurado.
Tinha coisas que tem que morrer,
tinha coisas que tem que matar.
a honra, a terra e o sangue
mandou muita gente praquele lugar.

Que mais podia um velho fazer,
nos idos de 1916,
    a não ser pegar pneumonia,
deixar tudo para os filhos
    e virar fotografia?
Ninguém vivia pra sempre.
    Afinal, a vida é um upa.
Não deu pra ir mais além.
    Mas ninguém tem culpa.
Quem mandou não ser devoto
    de Santo Inácio de Acapulco,
Menino Jesus de Praga?
    O diabo anda solto.
Aqui se faz, aqui se paga.
    Almoçou e fez a barba,
tomou banho e foi no vento.
    Não tem o que reclamar.
Agora, vamos ao testamento.
    Hoje, a morte está difícil.
Tem recursos, tem asilos, tem remédios.
    Agora, a morte tem limites.
E, em caso de necessidade,
    a ciência da eternidade
inventou a criônica.
    Hoje, sim, pessoal, a vida é crônica.

LÁPIDE 1

epitáfio para o corpo

Aqui jaz um grande poeta.
Nada deixou escrito.
Este silêncio, acredito,
são suas obras completas.

LÁPIDE 2
epitáfio para a alma

aqui jaz um artista
mestre em desastres

viver
com a intensidade da arte
levou-o ao infarte

deus tenha pena
dos seus disfarces

TRAVELLING LIFE

Para Bere

é como se fosse uma guerra
onde o mau cabrito briga
e o bom cabrito não berra

é como se fosse uma terra
estrangeira até para ela
como se fosse uma tela
onde cada filme que passa
toda a imagem congela

é como se fosse a fera
que a cada dia que roda e rola
mais e mais se revela

escurece
cresce tudo
que carece

saber é pouco

como é que a água do mar
entra dentro do coco?

brisa quente
que te precisa
pressente

coisas do vento
a rede balança
sem ninguém dentro

vazio agudo

ando meio

cheio de tudo

tudo dança
hospedado numa casa
em mudança

sobressalto
esse desenho abstrato
minha sombra no asfalto

amar é um elo
entre o azul
   e o amarelo

INSULAR

mil milhas de treva
cercadas de mágua
por todos os fados

morreu o periquito
a gaiola vazia
esconde um grito

esta vida é uma viagem
pena eu estar
só de passagem

inverno
é tudo o que sinto
viver
é sucinto

nadando num mar de gente
deixei lá atrás
    meu passo à frente

lua crescente
o escuro cresce
a estrela sente

completa a obra
o vento sopra
e o tempo sobra

nu como um grego
ouço um músico negro
e me desagrego

a noite – enorme
tudo dorme
menos teu nome

— que tudo se foda,
disse ela,
   e se fodeu toda

TATAMI-O OU DEITE-O

de colchão em colchão
chego à conclusão
meu lar é no chão

meianoite
o silêncio tine
a sombra vira cena
o sonho vira cine

vida e morte
amor e dúvida
dor e sorte

quem for louco
que volte

essa ideia
ninguém me tira
matéria é mentira

BIBLIOGRAFIA DE PAULO LEMINSKI

Bashô. São Paulo: Brasiliense, 1983.
Caprichos e relaxos. São Paulo, Brasiliense, 1983.
Cruz e Souza. São Paulo: Brasiliense, 1983.
Descartes com lentes. Curitiba: Fundação Cultural de Curitiba, 1983.
Jesus a.C. São Paulo: Brasiliense, 1983.
Agora é que são elas. São Paulo: Brasiliense, 1984.
Anseios crípticos. Curitiba: Criar Edições, 1986.
Leon Trotski: a paixão segundo a revolução. São Paulo: Brasiliense, 1986.
Distraídos venceremos. São Paulo: Brasiliense, 1987.
Guerra dentro da gente. São Paulo: Scipione, 1988.
Catatau. Porto Alegre: Sulina, 1989.
40 Clics em Curitiba. Curitiba: Etecetera, 1990.
Vida. Porto Alegre: Sulina, 1990.
La vie en close. São Paulo: Brasiliense, 1991.
Uma carta uma brasa através: cartas a Régis Bonvicino (1976-1981). São Paulo: Iluminuras, 1992.
Metaformoses: uma viagem pelo imaginário grego. São Paulo: Iluminuras, 1994.
Winterverno. Curitiba: Fundação Cultural de Curitiba, 1994.
O ex-estranho. São Paulo: Iluminuras, 1996.
Ensaios e anseios crípticos. Curitiba: Pólo Editorial, 1997.
Envie meu dicionário: cartas e alguma crítica. (Em coautoria com Régis Bonvicino.) São Paulo: Editora 34, 1999.
Toda poesia. São Paulo: Companhia das Letras, 2013.

ÍNDICE

Labirinto sem limites..7

CAPRICHOS E RELAXOS

um dia desses quero ser..27
ali..28
das coisas...29
parar de escrever...30
Bom dia, poetas velhos..31
objeto..32
uma carta uma brasa através..33
minha amiga...34
entre a dívida externa...35
não possa tanta distância..36
o novo...37
minhas 7 quedas...38
a história faz sentido..39
o velho leon e natália em coyoacán...40
Dança na chuva..41
aqui..42
um deus também é o vento..43
tenho andado fraco..44
dois loucos no bairro..45
você..46
moinho de versos..47
dia..48
furo a parede branca..49
tanta maravilha...50
não fosse isso..51
apagar-me..52
coração..53
soprando esse bambu...54
evapora..55
a noite...56
acordo logo durmo..57
en la lucha de clases..58

você para 59
não discuto.. 60
o sol escreve 61
ana vê alice 62
passa e volta.. 63
um pouco de mao... 64
meus amigos... 65
o pauloleminski.. 66
acordei bemol 67
à pureza com que sonha.. 68
duas folhas na sandália 69
a palmeira estremece 70
relógio parado.. 71
a estrela cadente 72
aqui é alto 73
verde a árvore caída 74
nada me demove... 75
por um fio 76
lua de outono... 77
milagre de inverno.. 78
xavante... 79
1º dia de aula... 80
roupas no varal... 81
a chuva vem de cima... 82
hai-cai: hi-fi... 83
o/a/o/o/a/e 84
PARKER.. 85
Pelo 86
nem toda hora.. 87
de ouvido 88
você me amava.. 89
SOL 90
PERHAPPINESS 91
se... 92
PRA QUE CARA FEIA?... 93

de som a som 94
o inseto no papel 95
Kami quase 96
LUA NA ÁGUA 97
materesmofo 98

DISTRAÍDOS VENCEREMOS

Aviso aos náufragos 101
Minifesto 102
Adminimistério 103
Iceberg 104
Por um lindésimo de segundo 105
Transar bem todas as ondas 106
O mínimo do máximo 107
Além alma (uma grama depois) 108
Plena pausa 109
O par que me parece 110
Desencontrários 111
O que quer dizer 112
Claro calar sobre uma cidade de ruínas
     (ruinogramas) 113
Nomes a menos 114
Volta em aberto 115
O náufrago náugrafo 116
o amor, esse sufoco, ...117
Aço em flor 118
A lua no cinema 119
Anch'io son pittore 120
podem ficar com a realidade 121
eu ontem tive a impressão 122
Parada cardíaca 123
como se eu fosse júlio plaza 124
Sujeito indireto 125
para que leda me leia 126

Voláteis 127
Marginal é quem escreve à margem 128
Rosa Rilke Raimundo Correia 129
Três metades 130
Razão de ser 131
Nem tudo envelhece. 132
ai daqueles 133
Diversonagens suspersas 134
Adeus, coisas que nunca tive 135
Despropósito geral 136
Incenso fosse música 137
M, de memória 138
gardênias e hortênsias 139
Poesia: 1970 140
Hai 141
Kai 142
meiodia três cores 143
abrindo um antigo caderno 144
enfim 145
viu-me 146
Era uma vez 147
choveu 148
entre os garotos de bicicleta 149
sombras 150
na torre da igreja 151
primeiro frio do ano 152
entre 153
ano novo 154
alvorada 155
Temporal 156
cortinas de seda 157
lua à vista 158
hoje à noite 159
tudo dito 160
tarde de vento 161
tudo claro 162

LA VIE EN CLOSE

que pode ser aquilo, ... 165
Curitibas 166
Sintonia para pressa e presságio 167
Mais ou menos em ponto 168
sossegue coração 169
Sete dias na vida de uma luz 170
Ímpar ou ímpar 171
você está tão longe 172
Rumo ao sumo 173
om/zaúm p/ roman óssipovitch jákobson 174
Donna mi priega 88 175
Voyage au bout de la nuit 176
Profissão de febre 177
Água em água 178
o bicho alfabeto 179
Tibagi 180
um homem com uma dor 181
Abaixo o além 182
isso sim me assombra e deslumbra 183
O que passou, passou? 184
Lápide 1 186
Lápide 2 187
Travelling life 188
escurece 189
saber é pouco 190
brisa quente 191
coisas do vento 192
vazio agudo 193
tudo dança 194
sobressalto 195
amar é um elo 196
Insular 197
morreu o periquito 198

esta vida é uma viagem 199

inverno 200

nadando num mar de gente 201

lua crescente 202

completa a obra 203

nu como um grego 204

a noite – enorme 205

– que tudo se foda 206

Tatami-o ou deite-o 207

meianoite 208

vida e morte 209

essa ideia 210

Bibliografia de Paulo Leminski 211

"Este é o Leminski que abriu as picadas da linguagem para os novos poetas dos anos 1970, considerem-se eles marginais ou construtivos, traçando um arco de ligação entre a poesia concreta e as novas sensibilidades não especializadas. Este é o Leminski que opta por uma linguagem de rendimento comunicativo mais imediato, arriscando tudo."

Carlos Ávila

"Formalista, como todo artista, Leminski não é porém um poeta de gabinete. Suas vivências de *beatnik* caboclo e sua filosofia de malandro *zen* são depuradas no cadinho da linguagem até chegar à cifra certa."

Leyla Perrone-Moisés

"A geração que produziu Torquato Neto, Raduam Nassar, Duda Machado, Julinho Bressane no cinema, Caetano Veloso, poeta-trovador, na música, encontra em Leminski, pelo conjunto da obra, seu escritor e seu poeta para o papel."

Régis Bonvincino

"[...] o melhor de Leminski não são as canções, a música, que não chegam a formar um todo consistente, mas os poemas impressos - é na luta com as palavras no branco e preto da página que ele ocupa o lugar de um dos nomes mais inovadores da atual poesia brasileira."

Mário Sérgio Conti

"Leminski não se prende a nenhuma fórmula ou escola, tem som e ritmo absolutamente pessoais e, quando descompassa e desafina, é proposital e divertido, conquistando o leitor de imediato, pela emoção."

Flora Figueiredo

"Esse duplo processo, de pensar agindo e agir pensando, possibilita à paixão crítica ganhar um lugar privilegiado na construção dos textos-ninjas de Paulo Leminski."

Fabrício Marques

MELHORES POEMAS ARNALDO ANTUNES
Seleção e prefácio de Noemi Jaffer

Poeta original, mas insatisfeito consigo mesmo, "sempre disposto a reaprender como se aprende a cair depois que já se sabe andar" (João Bandeira), maduro, sem perder o lado infantil, "quanto mais criança, paradoxalmente mais maduro" (Hugo Sukman), Arnaldo Antunes é, "ao lado de Augusto de Campos, um dos poetas que melhor representam uma modalidade de poesia que transita por diversos e diferentes suportes. Poesia esta que se faz multimídia e multiplica sua capacidade de comunicação com o leitor" (Vinícius Lima).

Hábil na construção de seus poemas, marcados pela "simplicidade ativa", que "não é a simplicidade do simplório", "mas a do ser sem intervalos, buscando sempre a relação entre a técnica e o momento sempre casual" (Antonio Medina Rodrigues), Arnaldo Antunes "medita sobre o precipício das palavras" e, "armado com tintas de carimbo, ele produz um vaivém incessante, um jogo de esconde-esconde entre as letras e as formas" (José Thomaz Brum).

No prefácio aos *Melhores poemas Arnaldo Antunes*, Noemi Jaffe observa que o poeta tem "um jeito de ver e escrever as coisas meio ao contrário, pelo lado de onde elas não são ordinariamente vistas: pelo lado de dentro, pelo lado errado, pelo lado do resto, da dúvida". A dúvida se expressa em poemas tradicionais, concretistas, visuais, que têm o dom de desafiar e estimular, ao mesmo tempo, o leitor.

MELHORES POEMAS FERREIRA GULLAR
Seleção e prefácio de Alfredo Bosi

Ferreira Gullar, testemunha poética da vida brasileira na segunda metade do século XX e início do novo século, é um poeta de muitas vozes e caminhos, separados por mais de sessenta anos de atividade poética, mas entrelaçados pela coerência íntima, por alguns temas permanentes e a preocupação fundamental com o ser humano e o mundo que o envolve. "Todas as coisas de que falo estão na cidade/ entre o céu e a terra", "são coisas, todas elas,/ cotidianas, como bocas/ e mãos, sonhos, greves,/ denúncias".

Ferreira Gullar, pseudônimo de José Ribamar Ferreira, nasceu em São Luís, Maranhão, em 1930. Aos dezenove anos estreou com o volume de poemas *Um pouco acima do chão*, uma espécie de prefácio à sua obra madura, que se inicia com *A luta corporal* (1954), um livro inovador pela linguagem e as experimentações gráficas, que o aproximaram dos poetas paulistas Décio Pignatari, Haroldo e Augusto de Campos. Na década de 1960, Gullar assume uma posição política de esquerda, identifica-se com a cultura popular e acredita que sua poesia possa atuar como um elemento de transformação social. Dessa fase são os cordéis *João Boa Morte* e *Quem matou Aparecida?* Exilado durante o regime militar, escreveu na Argentina *Poema sujo* (1976), de grande repercussão na época de sua publicação e que Vinicius de Moraes considerava "o mais importante poema escrito no Brasil nos últimos dez anos, pelo menos. E não só no Brasil". Nos trabalhos posteriores, o poeta demonstra preocupação com a morte e a crise da cultura do mundo ultramoderno, a vitória da banalidade e do consumismo.